BAIL

DU

BASSIN DE PATINAGE

ET DU

TIR AUX PIGEONS

PAR LA

VILLE DE PARIS

A LA

Société pour l'Encouragement des Tirs en France

Par-devant M⁰ Jean-Baptiste-Édouard DELORME et M⁰ MOREAU, son collègue, notaires à Paris, soussignés,

A comparu,

M. Marcel-François DELANNEY, Préfet du département de la Seine, commandeur de la Légion d'Honneur, Officier de l'Instruction publique, demeurant à Paris, en l'Hôtel-de-Ville,

Agissant en ladite qualité de Préfet du département de la Seine, au nom de la Ville de Paris, en conséquence d'une délibération du Conseil municipal de cette Ville en date du 29 décembre 1912, approuvée par un Arrêté préfectoral du 28 janvier 1913.

Desquels délibération et arrêté des ampliations délivrées par l'un des Conseillers de Préfecture délégué, sont demeurées ci-annexées après que dessus mention de cette annexe a été faite par le notaire soussigné.

Lequel ès-qualités a, par ces présentes, fait location

A la Société pour l'Encouragement des tirs en France,

Société anonyme ayant son siège à Neuilly-sur-Seine, au Bassin de patinage, (Bois de Boulogne), régulièrement constituée, ainsi qu'il résulte :

1° Des statuts de ladite Société, établis suivant acte reçu par M⁰ Moreau, l'un des notaires soussignés, le 15 juillet 1899 ;

2° D'un acte de déclaration de souscription et de versement du capital social, reçu par ledit M⁰ Moreau le même jour (15 juillet 1899), et d'une délibération de l'Assemblée générale des actionnaires de ladite Société, dudit jour, 15 juillet, dont un extrait a été déposé au rang des minutes dudit M⁰ Moreau, suivant acte reçu par lui le 15 juillet, même mois.

Le capital social, précédemment fixé à 200.000 francs, a été réduit à 170.000 francs, ainsi que cela résulte d'une délibération de l'Assemblée générale extraordinaire des actionnaires de 'ladite Société, en date du 19 juin 1911, d'une délibération du Conseil d'administration du même jour, et d'un acte de déclaration de réduction de capital social faite au nom du Conseil d'administration par M. le baron GOURGAUD, son président, suivant acte reçu aussi le même jour par M⁰ Moreau, l'un des notaires soussignés.

Un extrait des statuts, un extrait de l'acte de déclaration de souscription et de versement et de la délibération de l'Assemblée générale des actionnaires sont demeurés annexés à la minute d'un bail dressé par Mᵉˢ Delorme et Moreau, notaires soussignés, le 29 juillet 1899.

La durée de cette Société, qui devait expirer le 15 juillet 1914, a été prorogée jusqu'au 15 janvier 1930 par une délibération de l'Assemblée générale extraordinaire des actionnaires de ladite société, en date du 1ᵉʳ mars 1913, dont une copie a été déposée au rang des minutes dudit M⁰ Moreau, le même jour.

Une expédition de ladite délibération et de l'acte de dépôt du même jour a été déposée à chacun des greffes de la justice de paix de Neuilly-sur-Seine et du tribunal de commerce de la Seine le 8 mars 1913, et un extrait de cette délibération a été inséré dans le journal *Le Droit*, numéros des 10 et 11 mars 1913, ainsi que M. le baron GOURGAUD et M. Georges HEINE ci-après nommés le déclarent.

Ce qui est accepté pour ladite Société par :

M. Marie-Honoré-Gaspard-Napoléon, baron Gourgaud, propriétaire, demeurant à Paris, avenue des Champs-Elysées, n° 138.

Et M. Georges Heine, banquier, demeurant à Paris, avenue Hoche, n° 21.

Agissant : M. le baron Gourgaud, comme président du Conseil d'administration de ladite Société, et M. Heine, comme membre dudit Conseil, et, en outre, comme étant l'un et l'autre délégués et autorisés à l'effet des présentes par délibération du Conseil d'administration de cette Société, du 1ᵉʳ mars 1913.

Sont demeurés ci-annexés après mention :

1° Un extrait de l'acte de déclaration de réduction du capital social du 19 juin 1911 ;

2° Un extrait de la délibération de l'Assemblée générale extraordinaire des actionnaires du 1ᵉʳ mars 1913 prorogeant la durée de la Société ;

3° Et un extrait de la délibération du Conseil d'administration de ladite Société, en date du 1ᵉʳ mars 1913.

Le tout sus-énoncé

De l'enceinte fermée dite **Bassin de patinage**, au Bois de Boulogne, commune de Neuilly-sur-Seine,

Et ce, aux charges et conditions suivantes :

ARTICLE PREMIER

La location a pour objet le droit au bail de l'enceinte fermée dite « **Bassin de patinage** » au Bois de Boulogne, située entre : la route de Madrid aux Lacs, l'allée de Longchamp, la route de l'Etoile et la route de Madrid à la Porte Maillot, y compris le bâtiment à usage d'écurie situé en dehors de l'enceinte, vers la route de l'Etoile, le tout d'une contenance de 84.000 mètres environ, dont 83.760 mètres pour la partie entourée d'une clôture et 240 mètres pour l'écurie.

La partie louée d'une surface de 83.760 mètres aura pour limite définitive la clôture actuelle en fer existante ; cette surface se décompose en pelouses, allées, lacs et rivières, massifs boisés, constructions et une piste vélocipédique.

Les bâtiments comprennent un grand chalet principal, un petit pavillon à l'usage des joueurs de tennis, un édifice en bois, trois resserres ou remises, un pigeonnier et un hangar et enfin, une écurie en dehors de la clôture, vers la route de l'Etoile.

Ainsi que le tout est figuré en un plan dressé à la Préfecture de la Seine, qui est demeuré ci-annexé après avoir été revêtu d'une mention d'annexe par les notaires soussignés.

Lequel plan sera timbré et enregistré lorsque les présentes seront soumises à cette dernière formalité.

Art. 2.

La location est faite pour une durée de quinze années et demie qui commenceront à courir le 1er juillet 1914 pour prendre fin le 31 Décembre 1929.

Art. 3.

L'emplacement loué sera affecté au patinage, au tir au pigeon, au tennis, au golf et tous autres sports pouvant s'accommoder à la destination des lieux, mais sous la réserve formelle, toutefois, de ne pouvoir faire aucune installation ou aménagement nouveau, sans que les plans en aient été au préalable approuvés par l'Administration.

La destination de la location ne pourra être changée sous quelque prétexte que ce soit. Il est ici expressément stipulé que si par mesure d'ordre général le tir aux pigeons venait à être interdit par l'autorité compétente, le présent bail serait résilié si bon semblait à la Société preneuse et sans indemnité de résiliation de part ni d'autre.

Art. 4.

Avant le 1er juillet 1914, point de départ du bail dont s'agit, il sera dressé contradictoirement avec la Société preneuse qui en supportera les frais évalués à 250 francs pour le plan et à 300 francs pour l'état des lieux, un plan et un état des lieux en triple expédition.

Art. 5.

La Société locataire prendra les lieux loués dans l'état où il se trouveront.

Les constructions actuellement existantes devront être maintenues dans leur état actuel, il ne pourra être fait aucun travail qui puisse en modifier les dispositions intérieures ou en changer l'aspect extérieur, au point de vue, tant de la forme que de la décoration sans l'assentiment préalable et par écrit de l'Administration.

La Société devra au plus tard dans un délai d'un an à compter du point de départ du présent bail procéder à ses frais à la reconstruction du pigeonnier actuel sans que la nouvelle construction puisse sous aucun prétexte occuper une superficie supérieure à celle de la construction qu'elle sera destinée à remplacer. Les plans et la disposition des nouveaux bâtiments devront avant tout commencement d'exécution avoir été approuvés par l'Administration. Cette approbation fixera les conditions et les délais d'exécution des travaux autorisés.

Toute installation nouvelle ou aménagement nouveau projeté par la Société devra d'ailleurs être soumis préalablement à l'Administration et ne pourra être exécuté que si celle-ci en approuve les plans et toutes les dispositions.

La Société pourra être autorisée : 1° à aménager dans la location six nouveaux courts de tennis en plâtras comme les précédents; 2° à agrandir de trois mètres de chaque côté le pavillon de tennis existant dans le Bassin de patinage, étant expressément stipulé que le pavillon de tennis ainsi agrandi et le pigeonnier à reconstruire en vertu du § 3 du présent article ne devront pas occuper ensemble une superficie supérieure à celle du pavillon de tennis et du pigeonnier actuels.

En outre, les nouveaux courts de tennis et l'agrandissement dont s'agit ne pourront être exécutés qu'après que les dispositions et les plans en auront été approuvés par l'Administration et après délibération du Conseil Municipal.

Art. 6.

La Société locataire entretiendra en bon état les bâtiments et leurs dépendances, tant intérieurement qu'extérieurement, et rendra les lieux loués, à la fin du bail, tels qu'ils auront été livrés d'après l'état des lieux.

Tous les travaux d'entretien des bâtiments, du bassin, des rivières, clôtures, massifs et plantations dépendant de la location, demeurent à la charge de la Société locataire.

- La Société contribuera à l'entretien des conduites d'eau et ouvrages hydrauliques existant à l'intérieur de la location, ainsi qu'au remplacement dans un délai de deux ans de la signature du présent acte, des conduites en tôle et bitume existantes, par des conduites en fonte et celui des clapets par des robinets du modèle adopté par la Ville de Paris. Les travaux d'entretien et de remplacement seront exécutés par le service des promenades. La dépense incombant à la Société, par application du paragraphe précédent pour le remplacement et l'entretien des canalisations d'eau et ouvrages hydrauliques ne pourra excéder une somme totale représentant cinq cents francs par an pendant toute la durée de la location, sous cette réserve toutefois que la Société pourra être tenue de verser dès le début du présent bail, tout ou partie de la dite somme, dans la mesure qui sera jugée nécessaire par le service des promenades pour l'exécution des travaux.

Le surplus de la somme, si l'intégralité n'est pas versée dès l'origine du bail, devra être payée par la Société en annuités égales.

Les charges incombant à la Société locataire comprennent non seulement les réparations locatives, mais encore celles dites de gros entretien incombant ordinairement aux propriétaires, et ce sans exception. La Société locataire aura notamment à sa charge le maintien en bon état de propreté et de sablage des chemins conduisant à la route de l'Etoile au bâtiment annexe des écuries et des sentiers aux abords de ce bâtiment, sans établissement de nouvelles clôtures. Elle devra procéder une fois au moins tous les cinq ans à la réfection tant à l'intérieur qu'à l'extérieur des peintures des bâtiments, étant expressément stipulé que la première réfection devra être exécutée au plus tard dans un délai d'un an à compter du point de départ du présent bail.

Les gazons, pelouses et bordures devront toujours être maintenus en bon état d'entretien et d'arrosage et ne pourront être déplacés ou supprimés sans l'autorisation préalable de l'Administration.

Aucun arbre ne pourra être déplacé ou supprimé sans l'avis préalable du service des promenades.

Tous les arbres morts seront enlevés par ce service et le bois en provenant sera transporté au dépôt du Bois de Boulogne. La Société sera tenue de supporter les frais de remplacement des arbres morts dans l'enceinte louée, à l'exception de ceux qui viendraient à périr par cas de force majeure, soit notamment des atteintes de la foudre ou d'un cyclone. Il est toutefois expressément entendu que cette obligation ne s'appliquera qu'aux arbres reconnus en bon état dans l'inventaire qui devra en être dressé au commencement du présent bail et dont les frais seront supportés par la Société locataire

Elle ne pourra, sans autorisation préalable, toucher aux arbres existants sur l'emplacement loué ou aux abords, y suspendre quoi que ce soit et elle devra s'abstenir de tout ce qui pourrait les détruire ou les endommager sous peine d'une indemnité envers la Ville égale à 10 fois la valeur de chaque arbre détruit ou endommagé, telle qu'elle sera fixée par le service des promenades sans préjudice de l'obligation de les remplacer et de l'application des peines

— 7 —

prévues par la loi. Il ne pourra être élevé par la Société locataire aucune réclamation contre la Ville de Paris à raison d'accidents ou de dégâts qui pourraient résulter de la chute d'arbres ou de branches existant dans la location ou aux abords et occasionnée par quelque cause que ce soit, l'Administration restant d'ailleurs seule juge en toutes circonstances de l'opportunité des travaux d'élagage ou de la conservation de ces plantations.

La Société locataire ne sera pas tenue de rétablir en l'état primitif les localités qui auront été l'objet de modifications autorisées par l'Administration.

En ce qui concerne les améliorations et reconstructions qu'elle aurait été autorisée à effectuer en exécution de l'article 5, elles deviendront immédiatement et de plein droit la propriété de la Ville de Paris qui ne devra, pour cet effet, aucune indemnité à la Société locataire.

L'Administration se réserve, d'autre part, le droit de faire tous travaux ou tous changements qu'elle croira utiles, sans que pour ce fait, la Société locataire puisse prétendre à aucune indemnité.

ART. 7.

La Société locataire sera tenue de faire rétablir complètement les bâtiments s'ils venaient à être détruits par une cause qui pourrait donner lieu à une garantie de la part des Compagnies d'assurance, sauf remboursement au moyen de la prime versée à la Caisse municipale, comme il sera dit à l'article 19.

ART. 8.

Lorsque des réparations ou des travaux de remise en état aux gazons, pelouses, plantations, etc., prévus à l'article 6 viendront à être nécessaires, l'Administration, en cas d'inaction de la Société l'en avertira afin de la mettre à même de fournir, si elle le juge à propos, ses observations.

Dans le délai de 20 jours, à dater de la notification écrite de cet avertissement, si aucune observation n'est produite également par écrit, le silence de la Société locataire sera considéré comme un acquiescement aux mesures réclamées, et il sera procédé d'office, sans nouvelle mise en demeure ni autre formalité, à l'exécution des travaux par les soins de l'Administration aux frais, risques et périls de la Société locataire.

Et si ces travaux sont nécessités par une des causes dont les Compagnies d'assurance sont responsables, le montant en sera remboursé sur l'indemnité payée par lesdites Compagnies, ainsi qu'on le verra ci-après, mais seulement jusqu'à concurrence de ladite indemnité.

Dans le cas où l'on constaterait l'exigibilité des travaux, il sera fait une visite des localités en présence de la Société locataire ou elle dûment appelée.

Procès verbal de cette visite et des dires exprimés sera dressé et transmis au Préfet de la Seine qui statuera définitivement sur les pièces de l'instance, sauf tel recours que de droit.

La décision préfectorale sera portée à la connaissance de la Société locataire et il sera procédé d'office comme il est dit au § 2, aux travaux dont l'exécution serait reconnue nécessaire.

A raison de la situation des lieux loués dans une promenade publique, fréquentée principalement les jours fériés, les travaux de réparations à exécuter seront suspendus les dimanches et jours de fêtes périodiques ou accidentelles.

Indépendamment de ces obligations, la Société locataire, avant de commencer aucun travail, devra en soumettre les plans et devis à l'approbation du Préfet de la Seine ; l'exécution de ces plans sera surveillée par l'Administration.

Art. 9.

La Société locataire devra laisser pénétrer dans l'enceinte de sa location les représentants de l'Administration qui y seront appelés pour affaire de service.

Elle devra, d'ailleurs, se soumettre à toutes les mesures d'ordre et de police qui seront arrêtées par l'Administration.

La Société preneuse devra garnir les lieux loués d'un mobilier et d'un matériel suffisants pour répondre du paiement des loyers.

Elle satisfera à toutes les charges de ville et de police auxquelles les locataires sont ordinairement tenus.

En cas de fêtes autorisées dans la location ou toutes les fois que la Société en sera requise par le Service des promenades, elle devra obtenir de la Préfecture de police le nombre de gardiens de la paix nécessaire pour assurer dans les conditions qui seront déterminées par le service de surveillance du Bois de Boulogne et concurremment avec les gardes de la promenade, la direction, le classement et le stationnement des voitures se rendant à la location.

Art. 10.

La Société locataire aura la faculté de prendre sur les conduites du Bois de Boulogne l'eau nécessaire à l'arrosage des pelouses et à l'alimentation du Bassin de patinage ; mais l'arrosage des pelouses ne pourra avoir lieu qu'en dehors des heures d'arrosage des avenues et allées du bois et aux heures fixées par le conservateur du Bois de Boulogne.

Elle devra souscrire un abonnement aux eaux de la Ville pour les différents usages dans les bâtiments; et paiera pour cet abonnement la redevance prescrite par les règlements ; elle devra, de plus, acquitter tous les frais mis à la charge des abonnés par ces mêmes règlements.

Art. 11.

La Société preneuse fournira un local sain et couvert d'au moins 4^{m}30 sur 2^{m}30, à l'usage d'ambulance avec lit, armoire à médicaments, cheminée, boîte de secours et les divers accessoires de pansement en cas de fractures, luxations, etc., le tout suivant le système adopté par le service des secours publics dans le Bois de Boulogne.

Ce local sera accessible de l'extérieur pour le service public, sous la responsabilité d'un garde du bois.

Art. 12.

L'Administration décline la responsabilité de tous les accidents, quels qu'ils soient, pouvant survenir du fait de la présente location.

Art. 13.

La Société ne pourra organiser de fêtes dans sa location sans l'autorisation préalable et par écrit de M. le Préfet de la Seine.

Art. 14.

La Société pourra conserver le buffet aménagé dans la location à la condition qu'il sera exclusivement destiné à servir des repas et rafraîchissements à ses membres et à leurs invités.

Contrairement aux stipulations du précédent bail, elle ne pourra par contre avoir sous aucun prétexte de restaurant accessible au public et aux promeneurs.

Art. 15.

La Société locataire et les membres du cercle à créer ne devront retirer aucun bénéfice de la concession, en dehors de l'intérêt à 5 % et de l'amortissement du capital engagé.

L'excédent des recettes, s'il s'en produit, devra, après ces prélèvements réguliers, être employé, soit en améliorations, soit en distributions de prix pour tirs aux pigeons ou pour divers sports.

Pour l'exécution de cette clause, la Société fournira chaque année à l'Administration ses comptes et se soumettra au contrôle et aux vérifications nécessaires.

Art. 16.

Au cas ou des Expositions Universelles seraient tenues à Paris pendant la durée de la présente location, la Société preneuse serait tenue de mettre à la disposition de l'Administration de cette Exposition pour y tenir des concours internationaux de tirs aux pigeons, les terrains et constructions loués par la Ville de Paris, ainsi que toute les installations faites par elle.

Cette occupation serait entièrement gratuite ; elle comprendrait deux périodes de chacune deux semaines consécutives entre le 1er juillet et le 1er décembre dont les dates seraient fixées par le Commissaire Général de l'Exposition Universelle ; notification en serait faite par lui à la Société locataire trois mois à l'avance.

Art 17.

La Société locataire ne pourra placer soit sur la façade, soit en dehors de l'établissement concédé, ni enseignes, ni poteaux, ni rampes d'éclairage, ni objets autres que ceux qui pourraient être autorisés par l'Administration.

Art. 18.

Il est interdit à la Société preneuse d'avoir, dans les dépendances de la concession, aucune espèce d'animaux nuisibles.

Art. 19.

La Société preneuse fera assurer contre l'incendie les constructions et leurs dépendances par une ou plusieurs Compagnies d'Assurances agréées par l'Administration, et devra, à toute réquisition justifier soit de la police d'assurance, soit du paiement des primes annuelles.

Elle devra également assurer les risques des plantations qui pourraient être détruites par l'incendie des bâtiments.

L'assurance sera faite au nom et au profit de la Ville de Paris.

Elle devra porter non seulement sur les incendies ordinaires, mais encore sur tous les autres genres de risques, avec ou sans incendie, notamment les dégâts à provenir des atteintes de la foudre ou de l'explosion, soit du gaz, soit de tout autre matière inflammable, et il devra être stipulé dans la police :

1° Que la Compagnie d'Assurances renonce à tout recours contre le locataire, le cas de malveillance excepté.

2° Que la Compagnie d'Assurances ne pourra se prévaloir de déchéance vis-à-vis de la Ville de Paris pour retard dans le paiement des primes de la part de la Société preneuse et que la Compagnie aura le droit de s'adresser à la Ville pour ce paiement, sur la simple représentation d'une mise en demeure restée infructueuse vis-à-vis de la Société.

3° Et que la Compagnie d'Assurances devra verser directement toute indemnité à la Caisse Municipale.

Quoi qu'il arrive, et par dérogation de l'article 1721 du Code Civil, et à l'exception prévue à l'article 1733 du même Code, la Ville, en cas de sinistre, ne sera responsable de rien vis-à-vis de la Société concessionnaire, pour vice de construction, défaut d'entretien ou de surveillance, négligence ou tous autres cas analogues.

Art. 20.

La Société locataire ne pourra céder son droit au bail, ni sous-louer sans l'autorisation préalable et par écrit de l'Administration.

Elle demeurera solidairement responsable avec celui ou ceux qu'elle aura été autorisée à se substituer, de l'exécution des clauses et conditions de la concession et notamment du paiement des loyers.

Art. 21.

La Société acquittera, en sus des loyers, à partir de l'entrée en jouissance, les contributions de toute nature y compris la taxe de mainmorte, afférentes au sol ou à la construction, auxquelles l'immeuble peut et pourra être assujetti, ainsi que tous impôts établis ou à établir.

Art. 22.

Elle devra verser à la Caisse Municipale avant la prise de possession :

1° Un cautionnement de 30.000 francs destiné à garantir l'exécution des clauses et conditions de la concession ;

2° La somme de 20.000 francs pour six mois de loyers d'avance à imputer sur les six derniers mois de jouissance.

Ces cautionnement et loyers d'avance seront en numéraire ou en obligations de la Ville de Paris.

S'ils sont réalisés en numéraire, ils ne seront pas productifs d'intérêts.

S'ils sont constitués en obligations de la Ville de Paris, ces obligations seront au porteur, et la Société en touchera les arrérages.

Observation faite que, pour la constitution du cautionnement dont il vient d'être parlé, il pourra être fait emploi de celui d'égale somme que la Société locataire a versée à la Caisse Municipale en garantie des clauses et conditions du bail précédent actuellement en cours.

Art. 23.

La Société versera à la Ville de Paris un loyer annuel de quarante mille francs. Ce loyer sera payé aux termes d'usage à Paris, c'est-à-dire le 1er janvier, avril, juillet et octobre de chaque année, pour, le premier paiement, avoir lieu le 1er octobre 1914.

Art. 24.

La présente location, quoique faite pour une durée de quinze années et demie, pourra être résiliée avant ce temps :

1° Pour défaut de paiement à son échéance d'un seul terme de loyer ou en cas d'inexécution des clauses et conditions qui précèdent ;

2° En cas d'infractions graves ou répétées au présent cahier des charges ;

3° Si la Société locataire donnait, sans le consentement de l'Administration, une autre destination à sa location ou si sa jouissance donnait lieu à des abus ou des désordres graves.

Dans les cas prévus à l'alinéa 1°, la résiliation pourra être prononcée par un simple arrêté préfectoral un mois après une mise en demeure administrative restée infructueuse.

Dans les cas prévus aux alinéas 2° et 3°, cette résiliation serait prononcée par arrêté préfectoral sans mise en demeure préalable et sans préjudice, bien entendu, des dommages-intérêts que la Ville serait en droit de réclamer.

Dans le cas de faillite ou de liquidation judiciaire, les créanciers ne pourront exploiter par eux-mêmes ni céder le droit au bail sans l'autorisation par écrit de l'Administration.

La présente location pourrait en outre être résiliée par simple arrêté de M. le Préfet de la Seine au cas où la Société viendrait à se trouver en dissolution.

Art. 25.

Les frais de timbre, d'enregistrement et tous autres auxquels donnera lieu le présent bail y compris le coût d'une grosse pour la Ville de Paris et d'une expédition pour la Société locataire, ainsi que l'impression à cent exemplaires du présent acte, seront à la charge de la Société locataire, étant ici stipulé que cinquante au moins de ces exemplaires devront être remis à la Direction des Affaires municipales, bureau du domaine de la Ville.

Les parties requièrent l'enregistrement des présentes par périodes triennales.

Et elles évaluent, pour la perception des droits d'enregistrement seulement, les charges extraordinaires du bail, y compris les contributions et taxes à la charge de la Société, à la somme annuelle de onze cents francs, les travaux autorisés par l'article cinq ci-dessus, et autres charges extraordinaires incombant à la Société locataire, à la somme de trente-cinq mille francs,

Dont acte.

Fait à Paris, en l'Hôtel de Ville, pour M. le Préfet de la Seine en son domicile susindiqué, pour M. le baron Gourgaud, et rue de la Victoire n° 63, pour M. Heine.

L'an mil neuf cent treize,

Les trois, quatre et huit avril.

Et après lecture, les parties ont signé avec les notaires.

Suivent les signatures.

Ensuite est écrit :

Enregistré à Paris, quatrième notaires, le dix avril mil neuf cent treize, volume 687, folio 65, case 10.

Reçu trois cent vingt-cinq francs, cinquante centimes.

(Signé) : MORIER.

83900 Imp. MAULDE, DOUMENC et Cie, 144, rue de Rivoli, Paris

www.ingramcontent.com/pod-product-compliance
Lightning Source LLC
Chambersburg PA
CBHW060722280326
41933CB00013B/2528